歡喜

FENG TANG TIME

冯唐时间管理手账

冯唐 著

北京联合出版公司
Beijing United Publishing Co.,Ltd.

年々事谋

冯唐

The Annual List

年计划

活出更多人样儿

不着急，不害怕，不要脸。

MONTHLY PLAN

月计划

不难，不做，永远不成。

- 每年，列下超过五件最想做的事。
- 每月，列下超过三件最想做的事。
- 每周，列下超过三件最想做的事。
- 每日，列一件最想做的事。

计划

TO-DO LIST

月　　日 / 星期

每天早上列出每天必干的三件事，上床前检查，
至少干完第一件。

月　　日 / 星期

To-do List

月　　日 / 星期

敬，对自己严；恕，对别人宽。

月　　日 / 星期

TO-DO LIST

月　　日 / 星期

一不睡懒觉，二不说谎。

月　　日 / 星期

To-do List

月　　日 / 星期

大处着眼，小处下手。

月　　日 / 星期

TO-DO LIST

月　　日 / 星期

想成事，先成活。

月　　日 / 星期

TO-DO LIST

月　　日 / 星期

出言有尺，行事有余。

月　　日 / 星期

TO-DO LIST

月　　日 / 星期

看脚下，不断行，莫存顺逆。

月　　日 / 星期

TO-DO LIST

月　　日 / 星期

不要走捷径，捷径都是通向邪路最快的路。

月　　日 / 星期

To-do List

月　　日 / 星期

事不拖，话不多，人不作。

月　　日 / 星期

不着急，不害怕，不要脸，人生可期

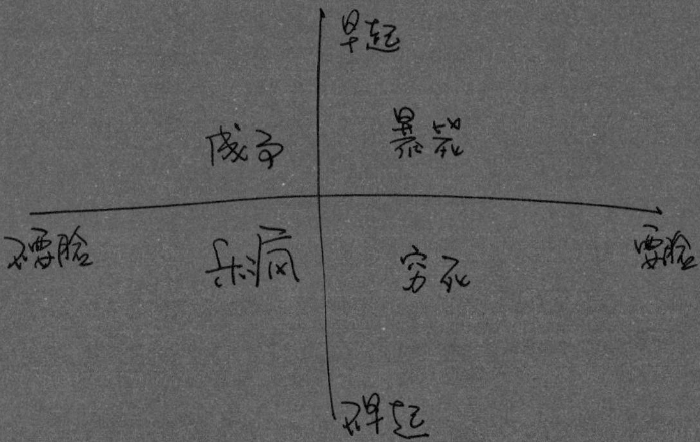

不能早起的人，不足以托重任。

To-do List

月　　日 / 星期

首先明白自己不能干什么，其次知道自己能干什么，
最后放手让别人去干该干的事。

月　　日 / 星期

TO-DO LIST

月　　日 / 星期

做自己认为对的事儿，慢慢放下输赢和计算。

月　　日/星期

To-do List

月　　日 / 星期

工作最好做你喜欢做的和擅长做的，
哪怕你喜欢做的和擅长做的是码字、洗菜或者锄草。

月　　日/星期

TO-DO LIST

月　　日 / 星期

工作中最好周围有一小群你喜欢的也喜欢你的人，
如果周围的人无趣，生命容易无趣。

月　　日 / 星期

TO-DO LIST

月　　日 / 星期

有边界，才自由。

月　　日 / 星期

TO-DO LIST

月　　日 / 星期

因为能放下，所以能负重。

月　　日 / 星期

TO-DO LIST

月　　日 / 星期

功可强立，名可强成。一个字：干！

月　　日 / 星期

2020.05.13

#阳历49岁，阴历50岁。

不是超半百，是年至半百了。

#今日凌晨，《垂杨柳三部曲》第一部《我爸认识所有的鱼》写作过大半，最大的一个困难克服掉了，这个三部曲，有了。感谢长生天！

#19岁~49岁，写了30年，如果长生天给阳寿，再写下半场，再写30年，到79岁，之后，

老屁封笔.

π 过去十年，直接、间接推进了近百家医院的管理，之后，争取有个别二、三家中X的冒出来。多救助，是使命，不问值得与否。

π 左腿肿物病理结检，良性，昨天拆线，今早终于可以淋浴，开心。

π 今早净重61.9公斤，比大学毕业时轻3公斤，开心。

TO-DO LIST

月　　日 / 星期

打硬仗，自己上。

月　　日 / 星期

TO-DO LIST

月　　日 / 星期

降低对自己的要求。有自信，不必做每件事都得一百分。

月　　日 / 星期

TO-DO LIST

月　　日 / 星期

不必事事胜人。

月　　日 / 星期

TO-DO LIST

月　　日 / 星期

把平均每天看手机的时间控制在四个小时之内。

月　　日 / 星期

To-do List

月　　日 / 星期

恕，己所不欲，勿施于人；
仁，己欲立而立人，己欲达而达人。

月　　日 / 星期

2018年总结以及2019年愿景："不着急，不害怕，不要脸"急急如律令。

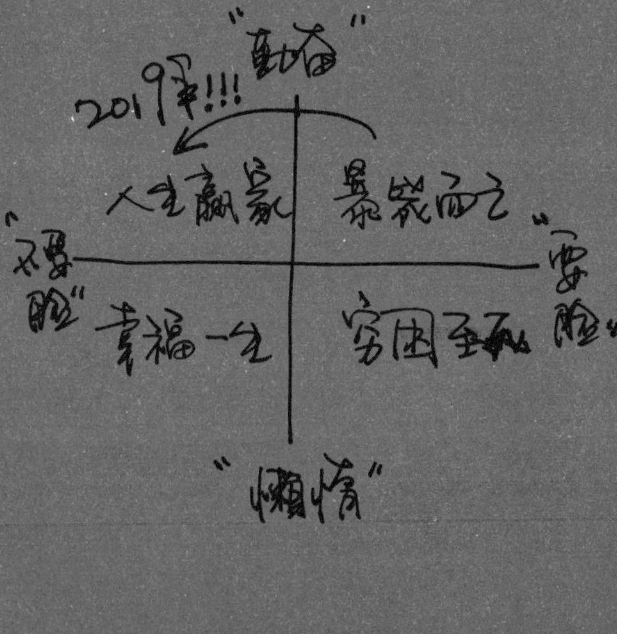

看得远、博到大。

TO-DO LIST

月　　日 / 星期

约好了会议，要及时赶到，交通拥堵、闹钟没响、
你妈忘了叫你起床，这都不是理由。

月　　日 / 星期

TO-DO LIST

月　　日 / 星期

有所不为，有所必为，活着不是唯一的追求和最终的底线。

月　　日 / 星期

TO-DO LIST

月　　日 / 星期

不能和自己相处的人，早晚也是别人的麻烦。

月　　日 / 星期

To-do List

月　　日 / 星期

设定好自己的底线，
不要因为方便、因为人不知而突破自己的底线。

月　　日 / 星期

TO-DO LIST

月　　日 / 星期

面对不确定，形成自己的主见并敢于坚持，再坚持。

月　　日 / 星期

TO-DO LIST

月　　日 / 星期

保持身心自由才能自己掌握市场资源。

月　　日 / 星期

Itochu 总部 visit.

It. 参观时，学习了。认真、热心

日程表 ——→ ✓ 负责、尽力

It. 中国经济在扩大发展的过程中，三驾马车：投资、消费、经济。

↙ 已是第一大板块。

It. 与我们做第一，只占中国不到1%。

1,000 亿元、

13,000,000,000 日元

可做的很多。

△ △ △

一人为商，不[illegible]责任。

△ △ △

网球时，可好，但是慢。

川崎文夫主持，玉木义博讲。

日本之医院管理。

济生会熊本病院的变革。

Q. 医疗和养老的结合 ✓。

晚20年～人口结构。

Q. 日本富人有否差异化的医疗需求，如何满足？

Q. 如何激励员工

(慈善) 非盈利～ Margin？/盈人

Q. 体检，职员，业务，财务之平衡沟通会

①日本：回 五十万床。

②从管理入医疗/JCI。

③医保病人可获得自费医保项目。

To-do List

月　　日 / 星期

和运气对赌下去，才有赢的机会。

月　　日 / 星期

TO-DO LIST

月　　日 / 星期

重事实、说实话、不作假、不拍马屁。

月　　日 / 星期

TO-DO LIST

月　　日 / 星期

先立假设，然后广泛收集信息、数据、观点，
有逻辑、有常识地总结归纳，支持最初的假设或者推翻它。

月　　日/星期

To-do List

月　　日 / 星期

不贪财，不怕犯错，不惜力。能做到这“三不”的，
我没见过干不好事、带不好人的。

月　　日 / 星期

TO-DO LIST

月　　日 / 星期

钱财之外重要的是：伟大的理想，干事儿的机会，
你爱并且爱你的机会。

月　　日 / 星期

To-do List

月　　日 / 星期

战胜拖延症的一个小技巧就是微型改进。

月　　日 / 星期

To-do List

月　　日 / 星期

一个好的工作氛围，不是你好我好大家好，
而是说实话、做实事，有针砭、不怕痛。

月　　日 / 星期

TO-DO LIST

月　　日 / 星期

敢不同，敢坦诚，敢尖锐。

月　　日 / 星期

TO-DO LIST

月　　日 / 星期

永远有一个有挑战、有胜算、有诱惑力的近期目标。

月　　日 / 星期

TO-DO LIST

月　　日 / 星期

极小概率下，还是要倾力一搏，然后听天由命。

月　　日 / 星期

TO-DO LIST

月　　日 / 星期

由专心而专业，然后跨界。

月 日 / 星期

To-do List

月　　日 / 星期

我们检讨，是为了能胜。

月　　日 / 星期

去建设你自己的金字塔

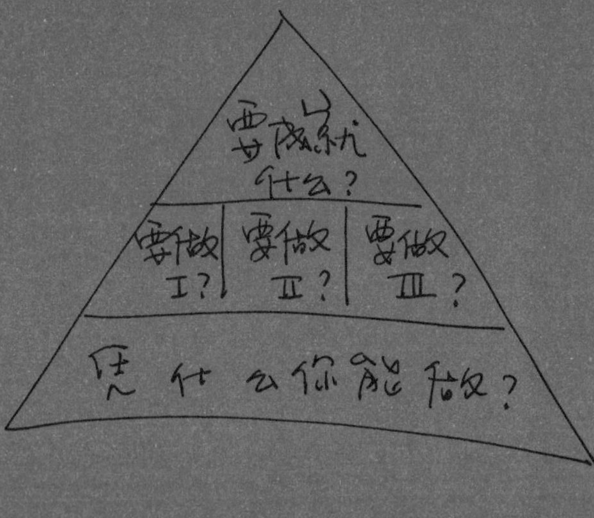

少操心，少纠结，少烦恼；
多走路，多健身，多运动。

月　　日 / 星期

快速地放空是种非常必要的修行。

月　　日/星期

月　　日 / 星期

能睡是第一要义。

月　　日 / 星期

月　　日 / 星期

做一分算一分，在一日撑一日。

月　　日 / 星期

月　　日 / 星期

日日是好日，你一生中没有一天是坏日子，都是正常的日子。

月　　日 / 星期

月　　日 / 星期

每一餐、每一天都不要轻易地给无聊的人或事。

月　　日/星期

月　　日 / 星期

简单而必需的快乐是：阅读、书写、跑步、发呆、喝酒、恋爱。

月　　日 / 星期

月　　日 / 星期

人不该太清醒，过去的事情就让它过去，不必反复咀嚼。

月　　日 / 星期

月　日 / 星期

对付世间闹心的事儿，只需要搞清楚两件事：
一件是“关我屁事”，另一件是“关你屁事”。

月　　日 / 星期

月　　日 / 星期

涉及终极的事儿，听天，听命。
让自己和身体尽人力，其他多想无益。

月　　日 / 星期

月　　日 / 星期

在无常里，能够平衡，能够立住，
日子就会往前，你会迎来好时光。

月　　日 / 星期

⇒ 医养、"①患者分类"、身体状态、②联盟/合从、③市民咨询窗口、

↓

特别养老机构

↓

有医疗能力

医疗保险
介护 〃 } 不同。

不超过三个月/居家养老。

急、慢、特别介护、康复、
"地区综合照顾中心。"

⇓

深深感谢在McKinsey的思维和演讲能力。

"一人为商，使命无限"

2018.8.14. 周会

1. 药信　②跟随性

2. 团队人/投部① 众星捧月
(A～B)、合客阶段

市场投部/众星
捧月(pre-IPO)

投资逻辑

满天星不行
赌赛道

"还是不够太贵"
哪个是第一、第二

→不赌

月　　日 / 星期

暗黑情绪也可以通过非骂街的方式舒缓，
比如饮酒，比如找年轻又好看的男生，比如购物。

月　　日 / 星期

月　　日 / 星期

一生不长，重要的事儿也没那么多。

月　　日 / 星期

月　　日 / 星期

不知如何是好的时候，扯脱、侍弄自己的爱好，远远好过硬做。

月　　日 / 星期

月　　日 / 星期

每晚享受的睡前时光就是看着书直到睡眼惺忪沉沉睡去。

月　　日 / 星期

月　　日 / 星期

从里到外，从始至终，从内心深处到言谈举止的认真。

月　　日 / 星期

月　　日 / 星期

站直不哭。

月　　日 / 星期

月　　日 / 星期

做有治愈能力的事儿。

月　　日 / 星期

月　　日 / 星期

二十四桥明月夜，春风十里不如你，该酒时酒，该花时花。

月　　日 / 星期

月　　日 / 星期

不焦虑，事情就会走上顺利解决的路。

月　　日 / 星期

月　　日 / 星期

牛在心里，一不要装，二不要吹。

月　　日 / 星期

月　　日 / 星期

遇到闹心的事，尽管违反人性，还是先找自己的问题。

月　　日 / 星期

2019计划.（医疗、基因、AI、机械）

IT.三个问题：大方向是否认可？

对早期项目是个什么总体想法？

对融资如何看？

IT 2019，观望年.

· "大潮退去，谁在裸泳？"

- 靠融资（A、B、C、D）一路做大的，会死一片

- VC、PE会爆一片、LP default

· 钱会观望：LP受伤、UVIP（super-rich individual）

可能认为不会很大，一年内到不了PE端.

· 项目company会观望：不见棺

和周围的人一起激发潜能，让这种潜能成为合能，共同做事。

月　　日 / 星期

既能做大规划，又能做小事情。

月　　日 / 星期

月　　日 / 星期

不要后悔自己做错的地方，不要议论别人做错的地方。

月　　日 / 星期

月　　日 / 星期

做一个和蔼亲切的人，要学会控制面部肌肉。

月　　日 / 星期

月　　日 / 星期

睡觉之前，做个每日小结，就知道实际做的事情并不多。

月　　日 / 星期

月　　日 / 星期

每日小结，坚持一段时间，效率自可提高。

月　　日 / 星期

月　　日 / 星期

上班埋头做事，下班埋头文艺。

月　　日 / 星期

月　　日 / 星期

自己拎包，自己管理好自己的时间和身心，尽量少用助理。

月　　日 / 星期

月　　日 / 星期

一时享受，转瞬即逝；真正的爽，是心里爽。

月　　日 / 星期

2019 商业计划预备会.

2019.12.14

#. process：核心团队 {① 集团领导 {业务 职能; ② 各利润点.}

二个事业部 / 一个总部

#. 辨熟医院之盈利性.

利润 — 收入 — license

#. 差异大的主要指标（revenue / profit 等），给出原因 → 明确目标.

#. 真正从病人角度出发 / 流程（医护人员之流程.）

时刻保持能干状态。

月　　日 / 星期

能戒烟，无事不可成。

月　　日/星期

月　　日 / 星期

怕什么，就做什么。

月　　日 / 星期

月　　日 / 星期

所谓学习，只有笨功夫；所谓“快乐学习”，扯淡！

月　　日 / 星期

关闭掉手机

关闭掉手机

关闭掉手机

专注

月　　日 / 星期

专注之后，如果累了，不要勉强，
给精神留点余地，明天再干。

月　　日 / 星期

月　　日 / 星期

叉手立办，不占内存，不占脑子，睡得更香。

月　　日 / 星期

月　　日 / 星期

小宇宙强大高于一切。

月　　日 / 星期

月　　日 / 星期

埋首任事，笑脸迎人。

月　　日 / 星期

月　　日 / 星期

要保持精神面貌，每天早上面对世界微笑。

月　　日 / 星期

月　　日 / 星期

挤出一个小时，逼逼自己，
放下手机，去风里跑跑，风会抱你。

月　　日 / 星期

INCOME & EXPENSES

年度收支

财务自由

多挣钱、持续挣钱，做好事、持续做好事，
让世界更美好一点点。

大收入	大花销

所有的包和所有的口红都比不过自由。

大收入	大花销

战略规划的根本目的是价值创造，
不是为了富丽堂皇，不是为了蛊惑人心。

大收入	大花销

* 工作、生活需要平衡，否则两边都不会很好。

* 诀窍是学会换台，工作时工作，生活时生活。不要工作时总想生活，生活时总想工作。

* 第一个诀窍是热爱，热爱你所做的工作，热爱你所过的生活。

云

行

Date List

想见的人

只花时间给三类人

多使用肉体，多去狂喜与伤心。

想见的人	时间／地点

一次没有目的的见面，一群不谈正经事的朋友。

想见的人	时间／地点

在一起就一切都对，一切。

想见的人	时间／地点

ON THE ROAD

想去的地方

在路上

常备一口好箱子。

永远带着自己喜欢和熟悉的旅行盥洗套装。

带着笔和本子，带一两本书。

Shopping List

想买的东西

物质即精神

不要停止购物。不要被市场吹捧的欲望所左右。

太多的欲望是枷锁。

完全没了欲望，失去对美好事物的贪心，生命也就没有乐趣了。

面对大逆境，就是要狠——狠狠地削减基本消耗。

在逆境中，脱胎换骨；当逆境过后，脱颖而出。

Try Something

想干的闲事

和所有美好的未知在一起

认真培养一个爱好，争取做到半专业。

#忙的时候，每天花一个
小时在无用之事物上

#不忙的时候，每天花二个
小时在无用之事物上

#每年花三天，远离手机，
花全天在无用之事物上

用这个爱好来抵抗无聊，来练习暂时放下工作、放空大脑。

不要浪费任何一个危机，不要蹉跎任何一个逆境。

BODY MANAGEMENT

多使用肉体

习惯成自然

每天至少慢运动半小时，
比如肢体伸展、瑜伽、站桩、静坐。

运动项目:											
月 日											
1											
2											
3											
4											
5											
6											
7											
8											
9											
10											
11											
12											
13											
14											
15											
16											
17											
18											
19											
20											
21											
22											
23											
24											
25											
26											
27											
28											
29											
30											
31											

运动项目:											
月 日											
1											
2											
3											
4											
5											
6											
7											
8											
9											
10											
11											
12											
13											
14											
15											
16											
17											
18											
19											
20											
21											
22											
23											
24											
25											
26											
27											
28											
29											
30											
31											

每周争取专门锻炼一次，每次两个小时以上，
有氧兼无氧。

健康目标：

运动

体重

睡眠

饮食

皮肤

体检

即使没有一张好脸，至少要保持一个好身材；
即使不能保持好身材，至少要保持体重。

健康目标：

运动

体重

睡眠

饮食

皮肤

体检

READING LIST

想读的书

读书误我又一年

闲的时候自己拉个书单，堆在床头，睡前翻翻。

长期阅读两种以上财经期刊，
知道最近什么是大奸大猾大痴大傻。

长期阅读两种以上专业期刊，
知道最近什么是最新最潮最酷最炫。

阅读没有任何道理可言。天大的理，抵不过自己喜欢。

一年至少要念四本严肃书籍。

想说的话

文字打败时间

多去创造，活出更多人样儿。

尽管战略看得很明白，也需要靠结果增加信心。

肉体需要思想，思想需要歌唱。

一年至少写四篇文章，每篇至少两千字。

多谈问题，少谈道理。

抓紧读书，痛快饮酒。

耐烦、耐冷、耐苦、耐劳、耐闲。

LIST OF ______

______清单

成年人要想的事是：如何让人生变得有聊一点？

没有天赋，通过坚持，日积月累，也能活得挺好。

时时刻刻保持焦虑，保持杀气。

LOOKING BACK

一年中的大彻大悟

小处着手，至少能成就些小事儿，再修行修行，成大事可期。

LOOKING BACK

一年中的大彻大悟

时间，善待埋头做事的人。

成事，
多成事，
持续多成事，
和大家共同闪烁。